BARBARA FRISCHMUTH

DAS HEIMLICHE
UND DAS UNHEIMLICHE

Barbara Frischmuth

Das Heimliche und das Unheimliche

Drei Reden

Aufbau-Verlag

DAS HEIMLICHE
UND DAS UNHEIMLICHE

VON DEN ASYLANTEN
DER LITERATUR

Rede
zur Eröffnung der Salzburger Festspiele,
Juli 1999

Die heimliche Sehnsucht nach dem Unheimlichen muß es gewesen sein, die Abdallah den Landbewohner zu seinem Freund Abdallah dem Meermann in die Tiefe hinabsteigen ließ, um die Wunder des Meeres zu schauen. Der Tran des Dandan-Fischs feite die beiden gegen die Aufweichung, und so durchstreiften sie achtzig Tage lang die Städte am Grunde des Ozeans. Bis Abdallah der Landbewohner nicht mehr zu staunen vermochte. Auch wollte er keinen rohen Fisch mehr essen, und es ärgerte ihn, daß die Meerfrauen und die Meerkinder ihn als ›Ohneschwanz‹ verlachten.

Der Schauder vor dem Ungewohnten

der Wasserwelt war während seiner langen Wanderschaft verflogen, und die Neugier Abdallahs des Landbewohners auf das ganz Andere war dem Wunsch gewichen, an Land und zu den Seinen zurückzukehren. Das änderte nichts an der Freundschaft der beiden Abdallahs, ihrer gegenseitigen Wertschätzung und Zuneigung. Was immer Abdallah dem Landbewohner an ozeanischen Absonderlichkeiten begegnete, Abdallah der Meermann stand ihm hilfreich zur Seite und versuchte sogar, ihn gegen seinen König zu schützen, der sich den ›Ohneschwanz‹ zur Erheiterung seines Hofstaats hatte vorführen lassen. Und es sah ganz so aus, als daß die beiden weiterhin die Früchte, die an Land wuchsen, gegen die Juwelen, die sich in der Tiefe fanden, tauschen würden, wie sie es auch vor ihrer gemeinsamen Reise schon getan hatten.

Doch kurz bevor sie ans Ufer kamen, trafen sie auf eine Festgesellschaft, die gerade den Tod eines der Ihren feierte. Die Meerleute hatten sich nämlich zu freuen, wenn Gott eine Seele, die er ohnehin nur als Unterpfand gegeben hatte, zurückverlangte. Abdallah der Landbewohner aber entsetzte sich darüber, denn an Land war es üblich, beim Tod eines Menschen tiefe Trauer zu zeigen. Was all den Unterschiedlichkeiten des Lebens an Land und im Wasser nicht gelungen war, erreichte diese Glaubensfrage: Abdallah der Meermann kündigte Abdallah dem Landbewohner wegen mangelndem Gottvertrauen Freundschaft und Liebe auf und hieß ihn, an Land zu gehen und auch dort zu bleiben.

Es ist Schehrezad, die das Märchen von Abdallah dem Landbewohner und Abdallah dem Meermann ihrem Eheherrn und König, dem grausamen Sultan Schahriyar, erzählt, an sechs aufeinanderfolgenden Abenden, damit er sie sechs weitere Tage am Leben lasse. Geschickt spielt sie mit seiner Lust, von anderen Sultanen und Königen zu hören, und so berichtete auch Abdallah der Landbewohner seinem König, dessen Schwiegersohn er dank der Juwelen aus dem Meer geworden war, von den Erlebnissen auf dem Meeresgrund. Dieser König aber, der – im Gegensatz zum blutrünstigen Schahriyar – ein kluger Mann war, meinte, als er vom Verlust der Freundschaft des Meermannes hörte, daß Abdallah einen Fehler begangen habe. Was nur bedeuten kann: Abdallah dem Landbewohner hätte die Freundschaft zu Abdallah dem Meermann wichtiger sein müssen, als recht zu haben. Und Schehrezad bringt die Geschichte zu folgendem Ende: »Noch eine lange Zeit fuhr Abdallah fort, zur Meeresküste zu gehen und nach

Abdallah dem Meermann zu rufen; doch der gab ihm keine Antwort und kam auch nicht zu ihm. So ließ denn Abdallah der Landbewohner alle Hoffnung auf ihn fahren.«

Abdallah dem Landbewohner ist es also nicht anders ergangen als den meisten Reisenden, die sich auf das Jenseits der Grenze einlassen. Er hat den Blickwinkel gewechselt, ist sich seiner vertrauten Sehweise unsicher geworden und vermißt nach seiner Rückkehr etwas, nämlich das, was in der Freundschaft des Meermannes seinen Ausdruck gefunden hat.

Aber angenommen, die beiden Abdallahs hätten sich nicht wegen ideologischer Meinungsverschiedenheiten ›zerkriegt‹ und Abdallah der Landbewohner wäre – aus welchen Gründen auch immer – im Meer verblieben. Wäre er auch zu einem Meermann geworden? Mit dem ewigen rohen

Fisch hätte er sich schon anfreunden müssen, aber Fischschwanz wäre ihm für den Rest seines Lebens wohl keiner mehr gewachsen. Vielleicht hätte er eine der Meerfrauen geheiratet, und die hätte ihm Kinder mit Schwänzen geboren. Aber ob er sich je daran hätte gewöhnen können, sich beim Tod eines Menschen zu freuen? Und wenn nicht, hätte er seine Gefühle verschwiegen oder sie geäußert, sie äußern dürfen?

Gesetzt den Fall, der ehemals bitterarme Fischer Abdallah wäre auch noch ein geborener Geschichtenerzähler gewesen, der plötzlich Lust verspürt hätte, seine Erfahrungen über und unter Wasser in Form von Märchen wiederzugeben. Hätte er da nicht seinen ursprünglichen Blickwinkel genutzt, um seinen Zuhörern begreiflich zu machen, daß ihre Lebensweise eine bestimmte und nicht die einzig mögliche ist? Und wenn die Meerleute so klug gewesen wären wie der König der Landbewohner, hätten sie einander nicht darauf aufmerksam gemacht, daß Abdallah dem Landbewohner etwas an ihnen aufgefallen war, das sie noch gar nicht bemerkt hatten, und es daher wichtig für sie wäre, ihm zuzuhören?

Mag sein. Viel wahrscheinlicher aber ist, daß die Meerleute gar nicht hätten wissen wollen, wie sie sich aus der Sicht Abdallahs des Landbewohners ausnahmen, und ihn je nach herrschendem Rechtsverständnis einfach ignoriert, geächtet oder letztlich ebenfalls an Land zurückgejagt hätten.

Dabei hätte Abdallah in diesem Fall nichts anderes getan, als was Schriftsteller eben tun. Er hätte das ihm Heimliche, in dem er sich geborgen fühlte, gegen das Unheimliche getauscht und die Möglichkeiten des Vergleichs genutzt. Um dann das, was er beim Vergleichen zuerst im Verborgenen, also heimlich, bei sich gedacht hatte, ins Un-heimliche, diesmal im Sinn von: ins Nicht-Verborgene, zu übertragen, mit einem Wort, es öffentlich zu machen. Mit den bereits angedeuteten Folgen.

Und selbst wenn diese Folgen ausgeblieben wären, hätte das sein Leben nicht unbedingt leichter gemacht, denn jemand, der die Grenzen zu einer anderen Sprache oder zu einer anderen Kultur überschritten hat, um sich darin aufzuhalten, lange oder überhaupt, wird von den einen des Übertritts bezichtigt, als handle es sich um eine Übertretung, und von den anderen zum Übertritt genötigt, als gelte es, einer Religionsgemeinschaft beizutreten.

Dazu kommt, daß die, die weggegangen sind, aus der Sicht der Zurückgebliebenen immer auch als Verräter gelten, Verräter an den Ihren, Verräter an der Heimat, Verräter an der Nämlichkeit, während sie für die, zu denen sie kommen, berechnende Konkurrenten und unberechenbare Fremde bleiben, deren Anpassung zwar gefordert, aber selten belohnt wird.

Einigen dieser ›Überläufer‹ gelingt es, den alten Blickwinkel zu vergessen, die meisten aber bleiben doppelsichtig, werden sich mit den Jahren selber unheimlich und können sich nirgendwo mehr heimisch fühlen, bis die Falle der Identität zuschnappt. Die aber, die in ihr zappeln, möchten sich zu einem Sosein bekennen, das einfach zu beschreiben und leicht zu bestimmen ist.

Die Vielschichtigkeit der Welt und das Verworrene der Beziehungen in ihr jagt uns allen den Schrecken des Unabsehbaren ein, da täte Klarheit schon ganz gut. Doch was bedeutet Klarheit, wenn die

Verhältnisse immer undurchschaubarer werden? Wir wissen höchstens, was sie nicht bedeuten kann, nämlich jene Begradigungen, Einebnungen und Säuberungen, mit denen sie nur allzuoft verwechselt wird.

In einer Zeit der bewegten Bilder, die bekanntlich am überzeugendsten zu lügen imstande sind, bitten außer den Radiosprechern fast nur noch die Schriftsteller um Gehör. Jene also, die von Natur aus zum Randgehen und zum Übersteigen der verschiedensten Mauern und Grenzzäune neigen. Daß ihnen dabei das zu Erzählende zunehmend zum ›Schauerroman‹ gerät, hat mehr mit den Gewalttätigkeiten der Zeit zu tun als mit einem Genre, dessen Beschreibung mich neulich in einem Buch meines amerikanischen Lieblingsschriftstellers, Kurt Vonnegut jr., entzückt hat. Eine der Figuren umreißt da die Gattung Schauerroman mit folgenden Worten: »Eine junge Frau betritt ein altes Haus und gruselt sich den Schlüpfer vom Leibe.«

Mittlerweile hat die Beschleunigung allenthalben zugenommen, und es geht eher darum, daß eine junge Frau auf der Flucht von Soldaten vergewaltigt wird, ohne sich in der Eile noch so recht gruseln zu können, oder eine andere, sich nicht auf der Flucht befindliche, junge Frau nachts aus dem Bett gebombt wird, ebenfalls ohne sich in der Eile noch so recht gruseln zu können – hat sie sich doch darauf verlassen, daß nur militärische Einrichtungen zu Schaden kommen sollten.

Die Migranten der Literatur, von denen ich reden möchte, gehören zu jenen, die das Gruseln gelernt haben und es uns lehren können, nachdem sie nicht nur ihr Land, sondern auch die ihnen vertraute Sprache hinter sich gelassen haben, um im

›Un-heimlichen‹ der Sprache des einstigen politischen Gegners Zuflucht zu nehmen, wie zum Beispiel die algerische Schriftstellerin Assia Djebar, die einiges darüber zu sagen weiß, was es bedeutet, eine Autobiographie mit französischen Worten zu versuchen, nämlich »unter dem langsamen Skalpell der Autopsie bei lebendigem Leib mehr zu zeigen als nur seine Haut. Die Sprache der Kindheit, die nicht mehr geschrieben wird, scheint sich wie in Fetzen abzulösen. Wunden öffnen sich, Adern leeren sich, das nie getrocknete eigene und das Blut der anderen fließt ...«

Assia Djebar, Jahrgang 1936, ist ein Sonderfall, was nicht heißt, daß ein Fall wie der ihre heute selten wäre. Sie hat vom Berberischen (der Sprache ihrer Mutter) zum Arabischen (der Sprache ihres Vaters) und vom Arabischen zum Französischen, der Sprache, die »der Vater ihr gegeben hat« (er war Französisch-Lehrer), gewechselt. Sie selbst schreibt nun in der Sprache der ehemaligen Kolonisatoren, in einer Sprache, die nicht nur ›Entschleierung‹, sondern auch ›Entblößung‹ bedeutet, sobald sie in ihr von sich selbst spricht. Für die meisten Schriftsteller gibt es ohnehin nur eine wirkliche Heimat, und das ist die Sprache, in der sie schreiben. Welcher Herkunft sie auch sein mögen, zu Hause fühlen sie sich am ehesten in der Grammatik, die ihre Schreibsätze gliedert. So verweist auch Assia Djebar auf die Parallele zu einem zeitlich weit entfernten Landsmann: »Nach fünf Jahrhunderten römischer Besatzung schreibt ein Algerier namens Augustinus seine Autobiographie in Latein. Und seine Schrift hält in aller Unschuld dieselbe Sprache fest, die schon Cäsars und Sullas Sprache war, Feldherren und Chronisten eines überholten ›Afrikakrieges‹.«

Die Unschuld bezieht sich auf Augustinus' Schreiben, nicht auf das Lateinische.
Auch wenn immer wieder zu hören ist,
›eine Sprache habe ihre Unschuld ver-
loren‹ und sei des Mißbrauchs wegen,
der mit ihr getrieben wurde, nicht mehr
poesiefähig, so ist das zwar verständlich,
aber dennoch ein Irrtum. Selbst nach
Auschwitz sind auf deutsch wunderbare
Gedichte geschrieben worden, und das
nicht nur von H. C. Artmann.

Es ist vielmehr so, daß die Sprache nie
unschuldig gewesen ist, ebensowenig wie
eindeutig. Ihre Entstehung entzieht sich
unserer Erinnerungsfähigkeit. Wie weit
die einschlägigen Forschungen sich auch
in die Vergangenheit zurückbewegen mögen, die Sprache war – wie der Igel im
Märchen – immer schon da. Mit allen
ihren Möglichkeiten. Und sie scheint immer schon als viele Sprachen existiert zu

haben, die alle alles ausdrücken konnten und die nicht in ›minderwertige‹ und ›höherwertige‹ zerfielen.

Was einer bestimmten Sprache den Vorwurf der verlorenen Unschuld einträgt, ist, daß Sprache auch über ein historisches Gedächtnis verfügt und die Schande ihrer Sprecher mitspricht. Manches davon ist uns so vertraut, daß wir es erst bemerken, wenn wir von außen auf das Unheimliche von uns alltäglich erscheinenden Worten und Redewendung aufmerksam gemacht werden. Autoren anderer Muttersprache verfügen in dieser Hinsicht über ein empfindlicheres Ohr und spüren Fehlworte mit politischer Vergangenheit meist rascher auf als wir, denen die angestammte Sprache von Haus aus Gewohnheit ist.

Wahrscheinlich ahnen Sie längst, über welche Grenzen ich Sie heute noch führen möchte. Nicht unbedingt in eines der weit im Osten oder Süden gelegenen muslimischen Länder, die Sie möglicherweise aus dem Urlaub kennen, sondern in die entstehenden Enklaven europäischer Metropolen und in die Randsiedlungen von Kleinstädten und Dörfern, in denen bereits Millionen muslimischer Menschen leben, die es aus den bekannten Elendsgründen zu Hause nicht mehr gelitten hat oder die einer Gewalt zu entkommen suchten, die sie an Leib und Leben bedrohte. Sie alle wurden von Migrationswellen erfaßt, die längst stattgefunden haben und weiter stattfinden, egal, ob wir das billigen oder nicht.

Wie aber damit zu Rande kommen? Wie dem ›Unheimlichen‹ vor der eigenen Tür begegnen, wenn der einzige menschliche Berührungspunkt die türkische Putzfrau oder der algerische Pizzabäcker ist? Obwohl in vielen europäischen Ländern nach

den christlichen Konfessionen die muslimischen bereits die zweitstärkste Religionsgemeinschaft bilden, empfinden viele
Europäer dieses ›Tür an Tür‹-Leben noch
immer als unheimlich, ja geradezu bedroh-
lich. Doch ist um die Kenntnisnahme der
anderen im eigenen Land nicht herumzu-
kommen, auch wenn wir noch so intensiv
an ihnen vorbeischauen, es ändert nichts
an ihrem Vorhandensein.

Die Zeit der Sklavenhaltung ist vorbei,
und schon die Gesetze der Höflichkeit ver-
pflichten zur Respektierung der anderen
Kulturen, und sei es, um von gleich zu
gleich – wie das Gesetz es vorschreibt –
miteinander umgehen zu können. Dennoch, wie stellt man es an, ohne sich in
den üblichen Fallstricken zu verfangen?

Die geeignetsten Verbündeten beim Ver-
such einer Annäherung sind wahrscheinlich die jeweiligen Schriftsteller. Und je

bessere Dichter diese Schriftsteller sind, desto eher taugen sie als Verbündete. Sie alle haben erst einmal das Vertraute, das Heimliche der Kultur, in die sie hineingeboren wurden, in Frage gestellt, je heftiger, desto wirksamer, und versucht, die eigene Herkunft, das ihnen Herkömmliche, mit Abstand zu erfassen, es eben von außen zu sehen, eine Sicht, die dem Gesehenen erst seinen Umriß verleiht.

Durch diese erste Brechung der Wahrnehmung hat sich auch ihr Blick auf uns, auf das uns Selbstverständliche geschärft, eine Schärfe, die wir uns schon gefallen lassen müssen, wenn wir etwas über uns erfahren wollen, das wir noch nicht wissen. Jemand, für den nichts selbstverständlich ist, weder seine Existenz noch sein Fortkommen, noch sein Angenommen-Werden, wird Eigenschaften an uns entdecken, die sich unserer Betrachtung entziehen. Kann sein, daß uns dieser Spiegel mißfällt, jedenfalls ist es unser Bild, das er wiedergibt, auch wenn das Licht, in dem er es zeigt, vielleicht nicht gerade das günstigste ist.

Zafer Şenocak, ein deutscher Schriftsteller türkischer Herkunft, Jahrgang 1961, sagt das in seinem Roman »Gefährliche Verwandtschaft« so: »Ich gelte als scharfer Beobachter mit sicherem Instinkt. Deswegen nennt man mich auch den ›Übersetzer‹... Ohne den Übersetzer würde die Welt an vielen Stellen auseinanderfallen. Durch ihn werden viele Nähte unsichtbar. Nur die, die zu nahe an den Nähten sind, spüren den Schmerz, das Jucken und Brennen an der Naht.«

›Übersetzer‹ in diesem Sinn sind die Grenzgänger der Literatur alle, ob sie sich zwischen Sprachen und Kulturen, zwischen Gefühlsebenen und Geisteszuständen, zwischen abstrakten Ideen und konkreten Erfahrungen hin und her bewegen, sie werden immer das Eigene mit dem Blick des Fremden und das Fremde mit einem Blick fürs Eigene ansehen. Und aus dem, was dabei nicht aufgeht, entsteht ihre Literatur. Somit verkörpern sie das, was ich als gegenseitige kulturelle Wahrnehmung bezeichnen möchte, ohne die auf Dauer kein Zusammenleben möglich ist.

Die in Europa neuerlich um sich greifende Reethnisierung hat mit einem handfesten Ungleichgewicht in dieser gegenseitigen Wahrnehmung zu tun. Ich freue mich schon auf den Tag, an dem auf der europäischen Opernbühne Selim Bassa nicht der einzige Türke sein wird, der auch menschliche Züge trägt. Wenn man immer nur die eigenen Normen in den Rang der Weltgeltung erhebt, nimmt man in Kauf, daß die Welt in vielerlei Welten zerfällt, die wiederum nur ihren eigenen Normen höchste Geltung zu verschaffen suchen. (Da wären wir also wieder beim Rechthaben angelangt, von dem schon Abdallahs König nicht allzuviel gehalten hat.)

Je hermetischer das Land, desto mehr öffne sich ihm die Sprache, meint der aus dem Iran zugewanderte, deutsch schreibende Dichter SAID, der auch zu jenen gehört, die Asyl in der neuen Schreibsprache gefunden haben, und dem Deutschen Gedichte zufügt, die von der Bewunderung für, aber auch von der unvermeidlichen Enttäuschung durch Europa erzählen sowie von der schwarzen Melancholie der Erschöpfung, wenn die Hoffnung, endgültig ins verlorene Land zurückkehren zu können, in neuerliche Flucht mündet. Sein »Brief eines Emigranten« sagt das so: »Ich krieche mühsam hierher, / setze mich geräuschvoll hin, / strecke meine Gefühle von mir, / nehme viel Platz ein – / und werde nicht benötigt.«

Ein berührendes Ein-Satz-Gedicht, dessen letztes Glied ich dennoch anzweifle, bin ich doch der festen Überzeugung, daß wir Poetenworte dieser Art benötigen. Und sei es, um uns selbst besser zu verstehen. Wenn wir es schon verabsäumt haben, die Literatur jener, die aus unseren Ländern vertrieben wurden, wieder bei uns heimisch zu machen, nehmen wir doch wenigstens zur Kenntnis, was Schriftstellern, die von anderswo vertrieben worden sind, zu sich, aber auch zu uns einfällt.

Auf daß es uns nicht so ergeht wie der »Klugen Else« aus dem wohl unheimlichsten aller Grimmschen Märchen. Else, die den Tag auf dem Feld verschlafen hat und dann nicht mehr weiß, ob sie es ist oder nicht, da sie sich nicht als Faule sehen kann, fragt von draußen ihren Hans: »Ist die Else drinnen?« Und der Hans sagt ja. »Ach Gott, dann bin ich's nicht«, meint daraufhin die Else. Sie hat nicht gelernt, sich in anderen und als andere zu sehen, und meint daher, nicht sie selbst sein zu können, wenn sie gleichzeitig jemand anders ist. Ihr Schicksal ist das Verschwinden. Sie verliert sich in den Tiefen eines Märchens, das die vermeintlich einfache Frage nach der Identität gestellt hat. Von der Else heißt es nur noch: »Da lief sie fort zum Dorf hinaus, und niemand hat sie je wieder gesehen.«

Sich im anderen zu erkennen ist eine Übung, die den Blick auf unser Alltäglichstes wieder mit Staunen erfüllt. Die Sicht des Randgängers besteht aus eben dieser geschärften Empfindlichkeit für das ›Jucken an den Nähten‹. Zuhören können mit dem Ohr des Fremden und das aus ›unheimlicher Nähe‹ Gehörte in Literatur verwandeln, wie Zafer Şenocak es in seinem bereits erwähnten Roman »Gefährliche Verwandtschaft« getan hat: »Man fühlt sich öfters an der Seele operiert, und das ohne Betäubung, sagte neulich ein älterer Mann, mit dem ich in der U-Bahn ins Gespräch kam. Er sprach vom Fall der Mauer wie von einem Eingriff in seinen Körper.«

Ich wünschte, einer von uns wäre imstande, all den Zugewanderten, vor denen wir solche Angst haben, so zuzuhören, daß er davon in Sätzen wie diesen zu erzählen wüßte. Menschen, die in solcher Aufmerksamkeit miteinander verbunden sind, werden ihre Eigenart nicht mehr auf so verschwitzte und verbiesterte Art verteidigen müssen, wie es derzeit in Europa wieder geschieht. Er wird seine Eigenart als fraglos, nämlich als Eigenart unter Eigenarten, begreifen und sich wieder den grundsätzlichen Dingen zuwenden können, die da sind:

LEBEN, LIEBEN, LERNEN.

Verrückt wie Rückert

Rede auf der Tagung
der German Studies Association in Seattle,
Oktober 1996

WOHL EINE ZAUBERKRAFT muß sein in
   dem, woran
Bezaubert eine Welt so hängt wie am Koran.

Laß näher treten uns und zusehn zauberfrei,
Ob es in Wahrheit nur ein böser Zauber sei.

Ob nicht in dieser Form auch eine Offen-
   barung
Des ewigen Geistes sei, für unsern Geist
   zur Nahrung.

So dichtete Friedrich Rückert in »Die
Weisheit des Brahmanen« (Leipzig 1838),
eine Art Erklärung seiner ausgedehnten
Beschäftigung mit dem heiligen Buch der

Muslime, das er in großen Teilen übersetzt hat, übrigens die einzige Übertragung ins Deutsche, die etwas von der am Original so gerühmten Poesie erkennen läßt.

Rückert, der wohl eher als der Dichter der »Kindertotenlieder« oder der »Geharnischten Sonette« bekannt sein dürfte, war einer jener raren ›Narren der Literatur‹, die das Talent und die Disziplin hatten, andere Sprachen zu erlernen und deren Schätze ins Deutsche zu bergen. Es gehört schon ein hohes Maß an Vernarrtheit dazu, sich als Grenzgänger der ostwestlichen Kulturen zu verstehen, ohne je den Boden eines islamischen Landes betreten und dessen Sprache sprechen gehört zu haben. Dennoch wagte Rückert sich an die Übersetzung der größten literarischen Kunstwerke des Arabischen, an den »Koran« und an »Die Verwandlungen des Abu Seid von Serug«, genannt »Die

Makamen des Hariri«, eines Dichters, der zwischen 1053 und 1122 in Basra (heute Irak) gelebt hat, aber auch an »Die Ghaselen des Mewlana Dschelaleddin Rumi« sowie an »Dreiundsechzig Ghaselen des Hafis« aus dem Persischen, um nur das Wichtigste zu nennen.

Dazu muß man sagen, daß im deutschen Sprachraum die islamisch inspirierte Kunst und Literatur vom späten achtzehnten bis zum Beginn des zwanzigsten Jahrhunderts ein Objekt der Neugier und des künstlerischen Interesses gewesen war. Goethe hatte aufgrund der Hammer-Purgstallschen Hafis-Übersetzungen seinen »Westöstlichen Divan« geschrieben, Platen das Arabische studiert und die Brüder Friedrich und Georg Rosen Omar Khayyam, das »Papageienbuch« und vieles andere mehr übersetzt. Im Gegensatz dazu hat das Muslimische trotz der Anwesenheit von an die zwei Millionen Türken in Deutschland (in Österreich sind es an die zweihunderttausend) in der neueren deutschsprachigen Literatur und bei jüngeren deutschsprachigen Literaten nur sehr wenige Spuren hinterlassen.

Der Lyriker Zafer Şenocak, übrigens selbst ein Nachbildner im Rückertschen Sinn, der zum Beispiel die Gedichte von Yunus Emre, einem türkischen Dichter des 13./14. Jahrhunderts, auf vorbildliche Weise ins Deutsche übertragen hat, meint zu dieser ›Spurlosigkeit‹ in seinem Essay »Wann ist der Fremde zuhause«: »Wenn es das Blutrecht der deutschen Verfassung ist, das einer Einbürgerung von Fremden in Deutschland im Wege steht, so ist es das Blut im Kopf der deutschen Intellektuellen, das eine geistige Auseinandersetzung mit dem Fremden im eigenen Land verhindert.« (Das alles gilt mit Einschränkungen auch für Österreich, obwohl Österreich diesbezüglich eine andere Tradition hat.) Das heißt im Licht des kulturellen Austauschs besehen, daß wir im Hinblick auf eine literarische Wahrnehmung des ›Orientalischen‹ weit hinter die Standards des neunzehnten Jahrhunderts zurückgefallen sind. Anders ist das naturgemäß bei Autoren türkischer, persischer oder arabischer Herkunft, die einiges aus ihrer »Mutterzunge« (so der Titel des ersten Buches von Sevgi Emine Özdamar), jener von ihnen ursprünglich gesprochenen Sprache, in ihre Schreibsprache Deutsch und damit auch in eine mögliche deutschsprachige Öffentlichkeit herübergerettet haben. Dieses Herübergerettete verleiht zuweilen dem Deutschen eine neue Dimension, die jedoch selten als solche rezipiert wird.

Aber zurück zu Rückert, dem ohne

Einschränkung genialsten Übersetzer aus dem Orientalischen, der der deutschen Sprache je erwachsen ist. Gewiß, Annemarie Schimmels Verdienste sind groß, aber mit der sprachlichen Einbildungskraft eines Rückert lassen sie sich nicht vergleichen. Und doch ist diese so in Vergessenheit geraten, daß man sich fragt, wo wir die ganze Zeit über unsere Ohren gehabt haben, die doch für Virtuosität ansonsten nicht unempfänglich sind.

Daß vor allem die Avantgarde der sechziger Jahre mit all ihren Sprachexperimenten meines Wissens so gut wie nie auf Rückert zurückgegriffen hat, setzt mich noch im nachhinein in Erstaunen. Dabei müßte man eigentlich Rückert und nicht den von mir bewunderten und geliebten Lewis Carroll als den Erfinder des Portmanteau-Wortes feiern. Rückert hat bereits in seiner Koran-Übersetzung aus den zwanziger Jahren des vorigen Jahrhunderts eine Reihe von Wörtern wie ›Brast‹ (eine Zusammenziehung von Brand und Brunst) gebildet, wenn er es auch vordringlich um des Reimes willen getan hat, aber er tat es.

»Meine Arbeit gibt sich für keine Übersetzung, sondern für eine Nachbildung«, schreibt Rückert 1826 im Vorwort zu seinem übersetzerischen Geniestreich »Die Verwandlungen des Abu Seid von Serug oder die Makamen des Hariri«, und weiter spricht er vom Deutschen als »unserer jeder Erweiterung empfänglichen Sprache«. Und gerade diese Empfänglichkeit stellt er auf die meisterlichste Art unter Beweis.

Schon in seiner Koran-Übersetzung hat Rückert sich Wörter wie Beigeseller, Schmetterung, Abseyn, Gell (für Schrei), Strafpein, Gnadenvorzug, Schmälerer und andere mehr einfallen lassen, aber bei

41

Hariri treibt er diese Methode, dem Autor und der arabischen Sprache folgend, die von Haus aus zu Wortspielen neigt, auf die Spitze. Ob wandersatt oder Blümliches, ob sieghoffnungtrunken oder nahgestellt, der Schadefroh läßt seine Redeblumen scheulos auffußen, und das Vergnügen steigert sich, je mehr von diesen Labebroten man genießt.

»Die Verwandlungen des Abu Seid von Serug« sind wohl am besten als Schelmenroman zu bezeichnen, falls das Wort Roman nicht falsche Erwartungen weckt. Die Makamen sind nämlich einzelne, nur durch Personalunion miteinander verbundene, in sich geschlossene Abenteuer. »Man sieht die Handlung nicht fortschreiten«, erklärt Rückert, »und doch ist zuletzt das Ziel erreicht. Die Anordnung ist also planetarisch oder auch ausstrahlend wie die Blätter einer Palme.«

In jeder der Makamen widerfährt dem Erzähler, Hareth Ben Hemmam, der jedoch nur als Projektionsfläche dient, eine Begegnung mit dem Schalk Abu Seid, der nicht nur ein Possenreißer und Betrüger, sondern auch ein Dichter und Wortkünstler höchster Begabung ist, der sich meist durch raffinierte kleine Erzählungen, Rätseldichtungen und Wortspiele, die geradezu experimentell anmuten, aus der selbst eingebrockten Affaire zieht und in seiner Selberlebensbeschreibung von sich behauptet:

> Ich bin der alte Wunderreich,
> Der Überall und Nirgendwo.
> Der Araber und Perser ruft
> Ob meinen Streichen ha und ho!

Während andere sich – wenn auch im Scherz – als »der Herr vom unverschämten Gesicht« oder »Habegern von Fürchtenichts« anreden lassen müssen.

Das Abenteuer, aus dem jede Makame besteht, dreht sich immer im gleichen Kreis. Der Erzähler befindet sich auf Reisen, im Bad, auf dem Marktplatz oder wo auch immer. Ein Mann taucht auf, knöpft den Leuten unter irgendeinem Vorwand Geld ab, das aber als von ihm selbst bemessener Lohn für das Vergnügen an seinen spontanen Dichtungen zu verstehen ist, und verschwindet, manchmal noch bevor Hareth Ben Hemmam in ihm Abu Seid hat erkennen können.

Abu Seids Selbstrechtfertigungen kommen dabei nicht zu kurz, denn »Kunst und Verstand – ist ein trockenes Weideland. Und nur wer langt, erlangt, – wer säumt, versäumt.« Die Klagen des schlecht versorgten Künstlers von vor beinahe tausend Jahren klingen wie ein fernes Echo der heutigen in den Zeiten der europaweiten Sparpakete, nur sind sie wesentlich kunstfertiger abgefaßt als die viel prosaischeren der zeitgenössischen Schreiber, die auf diesem Gebiet jeden Kunstsinn vermissen lassen, ganz nach dem ehernen Grundsatz *time is money*, der – wenn ich es recht verstanden habe – hier in den USA seinen Ursprung nahm. Lassen wir also den mit allen Wassern gewaschenen Kollegen aus Basra, der trotz seiner erzwungenen Wanderschaften stets heimwehkrank nach seinem Serug war, zu Wort kommen:

»Abu Seid sprach: Verkauft man hier etwa Rahm – für ein Epigramm? Oder eine Schote – für eine Ode? Oder ein Fleischgericht – für ein Preisgedicht? – Oder Grütze – für Witze? – Oder eine Brotkrume – für eine Redeblume? – Oder einen Topf voll Schmalz – für einen Kopf voll Salz? – Oder einen Dattelstiel – für einen guten Stil? – Und Abu Seid gefiel sich, die Fragen zu mehren, – und ließ sich die Antworten nicht beschweren. (Denn:) – Weisheit und Kunst – ohne Geld ist umsunst, – bei der Welt ohne Gunst.«

Man merkt es diesen Versen geradezu an, wie sehr sie Rückert aus der Seele gesprochen haben müssen. Rückert darbte ebenfalls lange als Schriftsteller und Privatgelehrter, bis er 1826, mit achtunddreißig, Professor für orientalische Sprachen in Erlangen wurde. Endlich bestallt und in der Lage, sich die Text-, Fach- und Wörterbücher, die er benötigte, selbst kaufen zu können.

Noch kurz zuvor hatte er mit Hariri und wohl auch in Übereinstimmung mit dem eigenen Trachten gedichtet: »Eine Stell' in dem Stall ist besser / Als Bestallung zur Ehrenstelle.« Denn so richtig angestrebt hatte Rückert diese akademische Karriere ursprünglich nicht. Mit zwanzig wollte er sich zwar noch an der Wiener Orient-Akademie einschreiben lassen, erhielt aber einen abschlägigen Bescheid, weil er schon zu alt war. Da man in Wien den größten Wert auf das Sprechen des Türkischen, Persischen und Arabischen legte, nahm man nur sehr junge Zöglinge auf, die folgerichtig »Sprachknaben« genannt wurden. Im Grunde hatte auch Rückert eine Zeitlang gehofft, von seinen Dichtungen leben zu können, eine Hoffnung, die schon viele junge Künstler getrogen hat.

Erst mit dreißig kam Rückert dann, wie Annemarie Schimmel in dem von ihr 1966 edierten Hariri-Bändchen beschreibt, tatsächlich nach Wien und zu von Hammer-Purgstall, der ihn ins Persische und Arabische einführte. Rückert war ein Sprachgenie und konnte sich innerhalb einiger Wochen die Grundzüge einer anderen Sprache einprägen, was er angeblich im Laufe seines Lebens an die ungeheuerlichen fünfzig Mal getan haben soll. Im Anschluß an seinen lernintensiven Wien-Aufenthalt zog er sich dann nach Coburg zurück, wo er sich jahrelang seinen orientalischen Studien widmete. Auf von Hammer-Purgstall aber, den Sachwalter der Orientalistik, trifft der Rückertsche Kalauer von den »Philologen, die so heißen, weil viele logen«, gerade nicht zu, im Gegenteil, von Hammer hielt sich zu sehr ans Original, und seine Übersetzungen sind heute nur mehr mit Mühe lesbar.

Ganz anders die von Rückert, deren Sprachmächtigkeit am ehesten ein Äquivalent zu der neu entstehenden Ästhetik in den Werken europäischer Schriftsteller muslimischer Herkunft bildet, die nach Zafer Şenocak »mit den Mitteln der ironischen Distanz die gekappten Kommunikationsstränge zwischen den Kulturen neu verknüpft und so die verdrängten Anteile des Anderen im Eigenen wieder erfahrbar macht«. Denn genau das ist das Geheimnis der Rückertschen Nachbildungen, nämlich das Andere im Eigenen erfahrbar zu machen, nicht es einzugemeinden und durch den sprachlichen Transfer zu domestizieren oder gar zu dominieren, sondern es erfahrbar und damit auch erlebbar zu machen.

Wie sehr Rückert sich dieser Seite seiner Arbeit bewußt war, zeigt ein ironischer Hinweis in seinem Vorwort »An die Leser«: »Vielleicht aber sollte ich noch ein Wort sagen zur Entschuldigung der unendlichen Wort- und Klangspiele, der gereimten Prosa, der übertriebenen Bilder, des spitzfindigen überkünstlichen Ausdrucks, kurz alles dessen, was man den falschen orientalischen Geschmack nennen kann. Doch deutsche Leser sind schon an so viele Geschmäcke gewöhnt, daß ich ihnen auch diesen bieten zu dürfen glaube, und zwar in seiner ganzen Schärfe, ohne Milderung und Abstumpfung. Die Aufgabe war, zu zeigen, daß auch in dieser ausschweifenden Form ein Geist wohne, und zwar ein solcher, der eben nur in dieser Form sichtbar werden konnte. Am wenigsten ist zu befürchten, daß das hier gegebene Beispiel dem herrschenden guten Geschmack verderblich werde. Unsere Roman- und Novellenschreiber werden sich nicht einfallen lassen, ihre für sie und ihre Leser so bequeme Weise gegen die Harirische, die ihre Schwierigkeiten hat, vertauschen zu wollen.«

»Die Makamen des Hariri« aber sind von solch erfrischender moralischer Pragmatik, daß sie bestimmt nicht zur Lieblingslektüre heutiger Islamisten zählen. Zwar wird im Schlußkapitel durch eine spontane, wenn auch nicht gerade sehr glaubwürdige Bekehrung alles wieder ins Moralische zurückgebogen, doch der wortgewaltige Abu Seid ist nicht von ungefähr König der Bettler, deren Versammlung an einem Ort stattfindet, von dem es heißt, »das Haus ist der Port der unbehausten Hausierer, – der Ruhort der pausierenden Hantierer«, wobei der Ausdruck Hantierer als Euphemismus für Langfinger zu verstehen ist.

Vom Leben gezeichnet und ohne jeden Respekt vor Prominenz, entwirft Abu Seid (und man darf annehmen, daß sein Schöpfer im jahrtausendweit entfernten Basra ähnlicher Meinung war) ein modern und aufgeklärt anmutendes Bild vom Standort des Menschen:

Wer du immer seist, o Mensch, du bist das
    Kind
Deines Heut allein, nicht deines Gestern.
Warum bist du lüstern nach erlauchtem
    Stamm,
Des Verdienst nur deine Laster lästern?
Hochgeboren ist, wer auch sein Vater sei,
Wer der Tugend Töchter hat zu Schwe-
    stern.

Dazu noch einmal Şenocak: »Die Wirklichkeit aber ist synkretistisch. Es ist die
Wirklichkeit der Mulatten, der Bastarde.«
Und er fragt sich, »ob die Säulenheiligen
der Identität, hüben wie drüben, diese
Diversifizierung der Identität zulassen
werden«. Meines Erachtens geht nichts
ohne eine Verrückung der Begriffe, auch
des inzwischen heiliggesprochenen der
Identität, der uns so lange schon in seinen
ausschließenden Bann schlägt. Rückert

jedenfalls war »verrückt« genug, das Synkretistische der Wirklichkeit zu erkennen und ihm in seiner Literatur Ausdruck zu verleihen. Insofern zähle ich seine Übersetzungen zu seiner Literatur. Ja, ich möchte sogar noch weiter gehen und behaupten, seine Übersetzungen sind seine Literatur, im Sinne jener Weltweisheit, die er propagiert hat, nämlich »nicht als Weisheit der Welt, sondern als eine, die die Welt in allen Lebensweisen weisen« will. Auch er lebte in einer Zeit, die immer prüder wurde, dennoch dichtete er mit und durch Hafis hingebungsvoll und sprachgewandt wie eh und je:

Schilt nicht weinbefleckte Zecher, du mit
    Reinheit angetan!
Denn es werden fremde Sünden dir ja
    nicht geschrieben an.

Ob ich fromm sei oder gottlos, geh und
sorge für dich selbst!
Weil am Ende jeder nur, was er gesät hat,
ernten kann.

LÖCHER
IN DIE MAUER BOHREN

Rede zur Eröffnung des Symposiums
»Wir und die anderen« in Wien,
März 1998

FOLGT MAN DEN THESEN und Argu-
menten Aziz Al-Azmehs in seinem Buch
»Die Islamisierung des Islam« – und man
kann ihnen getrost folgen –, dann scheint
der Islam heute das Anderssein schlecht-
hin zu verkörpern, denn – ich zitiere Al-
Azmeh jetzt wörtlich: »Die Reduktion der
muslimischen Völker und Gemeinschaf-
ten auf ein geschichtstranszendentes We-
sen unterwirft sie einer Überislamierung,
verwandelt sie aus konkreten sozialen, historischen, politischen, ideologischen Ge-
bilden mit bestimmten Tendenzen und
Perspektiven in Hypostasen eines seines
historischen Charakters gänzlich entklei-
deten Islam. Moderne, Säkularismus und

Islamismus sind jedoch nicht bloße Ideen, sondern historische Prozesse, die Ideen einbegreifen, aber sich nicht darauf reduzieren lassen.«

Genau das aber geschieht andauernd. Je mehr von muslimischen Menschen abstrahiert wird, desto griffiger lesen sich die Erklärungen, was der Islam an sich sei. Das ›Andere‹ wird doppelt anders, erstens weil es einer anderen Religion zugewiesen ist und zweitens weil diese Religion absolut gesetzt wird, während die religiöse, soziale und kulturelle Vielfalt des Westens außer Streit steht. Insofern ist auch der Titel unserer Veranstaltungsreihe als ironisch überhöht zu sehen. Denn, wer sind ›wir‹? Und wer sind die ›Anderen‹? Oder sitzen wir nicht alle in derselben Falle, die Identität und Authentizität heißt?

»Es gibt ebenso viele Formen des Islam, wie Verhältnisse existieren, die diese Formen aufrechterhalten«, sagt Al-Azmeh, und eigentlich müßte das eine Binsenwahrheit sein, doch ist sie vielerorts in Vergessenheit geraten. Ich will auch nicht in mißverständlicher und mißverstandener Solidarität mit ›den anderen‹ behaupten, daß nur ›wir‹ (also ich nicht und Sie wahrscheinlich auch nicht – mithin ist dieses ›wir‹ ein ebenso ungenauer Begriff, wie es ›die anderen‹ sind – aber lassen wir es nun einmal dabei), ich behaupte nicht, daß nur ›wir‹ dieses geschlossene Bild des Islam hätten. Auch die Islamisten oder die fundamentalistischen Muslime stricken am selben Modell, indem sie den Islam als Ursprungskultur propagieren und jede Abweichung von diesem ursprünglichen Islam als Verfallserscheinung deuten, die bekämpft, aber auch politisch benutzt wird, allerdings mit durchaus modernen Methoden der Propaganda.

An der Mauer, die sich zusehends zwischen ›uns‹ und den ›anderen‹ erhebt, wird also von beiden Seiten gebaut, was sie umso stabiler erscheinen läßt. Die Frage ist nur, wem nützt sie? Den Menschen, die ohne Not und Ausbeutung halbwegs in Frieden leben wollen, gewiß nicht. Aber das war noch nie ein Argument, von dem ›große‹ Politik sich inspirieren hätte lassen. Da ist Angst schon der wesentlich bessere Spielmacher. Und nichts ist leichter, als sie zu schüren.

Ein Großteil der menschlichen Wahrnehmung basiert auf Vor-Urteilen, so funktioniert nun einmal unser Gehirn. Wir nehmen Wasser als Wasser wahr, weil es als Wort bereits in unserer Sprache aufgehoben ist, die uns erklärt, wie Wasser aussieht, schmeckt und sich anfühlt. Somit haben wir die Möglichkeit, unsere eigenen Erfahrungen mit Wasser zu formulieren.

Dagegen ist auch nichts zu sagen, so-lange man sich dessen bewußt bleibt. Auch ist Vor-urteil nicht gleich Vor-urteil, es gibt vertrauenswürdigere und solche, denen man von Anfang an nicht glauben sollte. Aber es wäre eine Illusion, zu mei-nen, man könne sich zu allem und jedem ein ernstzunehmendes eigenes Urteil bil-den. Wie aber herausfinden, welchen be-reits getroffenen Urteilen man trauen kann und welchen nicht? Eine schwierige Frage, die einschlägig zu beantworten ich mir nicht anmaße. Dennoch kann ich sagen, daß ich dem, was die Erzählerin Assia Djebar in ihren Büchern über und zu Al-gerien schreibt, wesentlich mehr traue als dem, was ich als Kommentar zu den Ereig-nissen in den Zeitungen lese. Das hat nichts damit zu tun, daß ich den Tagesjour-nalismus in Mißkredit bringen möchte, sondern damit, daß der Kommentator dazu neigen wird, zusammenzufassen, um all die widersprüchlichen Fakten unter einen Hut zu bringen, während Assia Djebar sich Zeit nehmen kann, die Fakten erst einmal in all ihrer Widersprüchlichkeit stehenzulassen, ohne sofort eine Synopsis bieten zu müssen.

Damit sind wir bei der Literatur angelangt und bei dem, was sie in dieser polarisierten und polarisierenden Phase leisten kann. Zuerst einmal darf, ja, muß sie es sich zumuten, die Unterschiedlichkeit der Phänomene auszuhalten. Dort, wo politische Idologie Einheitlichkeit erzwingen möchte, wird die Literatur die Vielfalt bemerken, und wo man ewige Gültigkeit behauptet, denkt sie über die Wandelbarkeit von Menschengesetzen nach. Ob sie nun das Auge übers Ganze schweifen läßt oder ob sie eine Lupe benutzt, ihr Autor oder ihre Autorin bleiben kenntlich. Es ist nicht die Zeitung sowieso, die etwas behauptet, oder der Sender XY oder gar die Wissenschaft als solche, es ist jemand mit einem bestimmten Namen, der eine Geschichte erzählt, und keine mehr oder weniger anonyme Autorität, die sich im ausgewiesenen Besitz der Wahrheit wähnt. Die Wahrheit, die erzählt wird, ist eine Wahrheit, und niemand fühlt sich genötigt, sie als die einzige oder die ganze zu nehmen.

Was die Literatur im besten Sinne stiftet, ist Hinwendung, die Hinwendung des Lesers zum Gegenstand des Erzählens, und wahrscheinlich ist es das, was in einer Konfliktsituation am ehesten not tut. Eine geduldige Hinwendung, die ›das andere‹ als die Kehrseite der eigenen Medaille erkennen lernt und die intensive Wechselbeziehung zwischen Fremdheit und Vertrautheit als Bestandteil seiner Lektüre erlebt.

Aber auch Begriffe wie Fremdheit und Vertrautheit sollte man sich in bezug auf die Literatur näher anschauen. Ich weiß nicht, wie es Ihnen ergeht, ich weiß nur von meiner Lektüre her, daß Fremdheit wenig mit einer anderen Kultur zu tun hat. Ob es sich um den tausend Jahre alten Roman »Die Geschichte des Prinzen Genji« der japanischen Hofdame Murasaki Shikibu handelt oder um die Bücher von Juri Rytchëu, einem Tschuktschen aus der Gegend des Polarkreises – um für unser Symposium unverfängliche Namen zu nennen –, mir sind diese Bücher insgesamt nie fremd erschienen, da ich während des Lesens mit ihren Figuren und Erzählweisen so vertraut wurde, daß sie zu meiner Vorstellungswelt zu gehören begannen. Natürlich werden da andere Bräuche und Lebensgewohnheiten beschrieben, das macht die Sache zweifellos interessant, aber wirklich fremd kamen mir eher Bücher vor, die in meiner unmittelbaren Nähe entstanden waren, und zwar dann, wenn ich den Sinn einer literarischen Verfremdung oder die Notwendigkeit spektakulärer Polarisierungen nicht verstand.

Mit dem Lesen von Literatur verhält es sich so wie mit dem Erlernen von Sprachen. Je mehr man sich darauf einläßt, desto vertrauter wird oder werden sie einem. Vertraut im Sinne von ›trauen können‹, von Zutrauen haben und sich selber zu sprechen trauen. Ja, ich wage zu behaupten, daß die Einheit der Menschheit nirgendwo besser belegt ist als in der Literatur und in den Sprachen. Allein, daß wir alle sprechen und daß wir alle Literatur hervorgebracht haben (Literatur im Sinne von Dichtung), sollte uns Beweis genug sein.

Grob gesagt, haben alle Sprachen – und die jüngeren Linguisten schaffen immer mehr Belege dafür herbei (Steven Pinker zum Beispiel, ein Chomsky-Schüler) – dasselbe Niveau, das heißt, sie können alle die Komplexität dessen, was ist, gleich gut bzw. gleich schlecht ausdrücken, ob sie nun flektieren, agglutinieren, radikalisieren oder isolieren. Es gibt nichts, was ausgedrückt werden kann und sich in einer bestimmten Sprache nicht ausdrücken ließe. Die ältere Linguistik hat sich wie die Ethnologie eine Zeitlang darin verrannt, die unüberbrückbaren Unterschiede, die letztlich immer als solche des Niveaus gehandelt wurden, herauszuarbeiten. Die neueren Forschungsergebnisse sprechen aber gegen diese Differenz.

Natürlich ist nicht in allen Sprachen die Begriffsbildung in dieselbe Richtung gegangen. Das heißt, es gibt in einer Sprache

Ausdrücke, die in anderen Sprachen um-
schrieben werden müssen. Das macht das
Übersetzen von Literatur – besonders von
Lyrik – so schwierig, da gerade die Dichter
das einer Sprache Eigene zur Hochform
bringen. Aber es gibt nichts, was sich
nicht in jeder Sprache sagen ließe. Und davon haben die Literaturen zu allen Zeiten
Zeugnis abgelegt, auch wenn sie unter hi-
storisch verschiedenen Bedingungen entstanden sind. Man kann also davon ausge-
hen, daß die Menschen, welchem Volk sie
sich auch zugehörig fühlen, mehr miteinander gemein haben, als sie trennen mag.

Freilich hängen wir alle an unseren Tra-
ditionen, und die bedeuten immer etwas
Gewordenes, Erstrittenes, mit der Mühe
von Generationen Erarbeitetes. Wir sind
stolz darauf und nehmen es übel, wenn die
Anerkennung und das Interesse der ›anderen‹ ausbleibt. Und wir neigen dazu,

unsere sogenannte kulturelle Eigenart umso mehr zu betonen, je weniger sie wahr-
genommen wird.

Das Verlangen nach Anerkennung ist
ein menschliches Grundbedürfnis. Wohin
der Mangel an kultureller Anerkennung
führen kann, zeigt Hermann Tertilt in seinem Buch »Turkish Power Boys« (Ethno-
graphie einer Jugendbande). Er geht davon
aus, daß »türkische Kultur in der Bundes-
republik (und in Österreich ist es nicht viel
anders) nur als Folklore Beachtung findet.
Die Geschichte der Arbeitsmigration, ihre
Zwänge und Schwierigkeiten, das Schicksal zerrissener Familienzusammenhänge
werden in der Öffentlichkeit ignoriert
bzw. als ›Ausländerproblem‹ abgestem-
pelt. Auch der Islam als Religionsgemeinschaft türkischer Einwanderer erfährt
keinerlei positive Beachtung.« Und so
kommt Tertilt zu dem Schluß, daß auf-

grund jenes Mangels an Wahrnehmung und Anerkennung kulturelle Differenzen durch Reethnisierung sogar noch verstärkt werden.

Es ist uns wohl allen deutlich bewußt, daß die Literatur den Zenit ihrer politischen Wirksamkeit überschritten hat. Aber das heißt nicht, daß sie keinerlei Rolle mehr im Zusammenleben der Menschen spielt. Vielleicht keine so unmittelbare, wie wir es manchmal gerne hätten, aber auf Umwegen wirkt sie noch. Auch ich würde, wenn ich im Ausland lebte, lieber in einem solchen Ausland leben, in dem man Grillparzer und Nestroy, Friederike Mayröcker und H. C. Artmann schätzt. Das hat mir übrigens Amerika am Anfang so sympathisch gemacht. Als ich im Jahr 1976 zum ersten Mal einreiste, fragte mich der Zöllner, der meinen Paß kontrollierte: »Do you know Kafka and

Ilse Aichinger?« Nicht daß ich deshalb alle Amerikaner für belesene Intellektuelle gehalten hätte, aber es tat einfach gut, in ein Land zu kommen, in dem ein Zöllner den literarischen Leistungen meines Heimatlandes Respekt zollte. Die Übertragung dieser Situation ist wohl kaum denkbar. Oder können Sie sich einen österreichischen Zöllner vorstellen, der einen einreisenden türkischen Schriftsteller fragt: »Kennen Sie Oğuz Atay und Adalet Ağaoğlu?«

Daß die Menschen sich im Hinblick auf ihre Religion, ihre Sprache, ihre Musik, ihre bildnerische Tradition, ihre Gebräuche, ihre Vorlieben in puncto Essen und Trinken und ihre Vorstellung von Geselligkeit voneinander unterscheiden, ist normal und immer so gewesen. Wahrscheinlich hat erst im neunzehnten bzw. zwanzigsten Jahrhundert, als der Westen aufgrund seiner beschleunigten technischen Entwicklung zu so etwas wie einer Weltherrschaft aufgebrochen ist, die Erwartung Platz gegriffen, daß alle anderen kulturellen Prägungen irgendwann zugunsten der einen, westlichen, aufgegeben würden, weil sie sich nicht nur als die erfolgreichste, sondern auch als die logischste erwiesen hätte. Aber schon dem christlichen Gelehrten Raimundus Lullus aus dem dreizehnten Jahrhundert ist dieser Anspruch schlecht bekommen. Nachdem er den Muslimen wieder und wieder demonstriert hatte, daß ihre Religion ein bloßer Irrtum sei, den seine Logik korrigieren könne, wurden diese zu Maschinenstürmern und steinigten ihn mitsamt seinem hausgemachten ersten Taschencomputer.

Wie sagt Zafer Şenocak so überzeugend in seinem Essay »Der Dichter und die

Deserteure«, erschienen in dem Band »War Hitler Araber?«: »Wenn Kulturen wie Armeen gegeneinander aufmarschieren, werden Dichter, die dieses Prädikat verdienen, zu Deserteuren.« Und deshalb kann es für uns hier und heute auch nicht darum gehen, uns gegenseitig etwas zu beweisen, es sei denn, daß wir Respekt voreinander haben, und das bedeutet wohl in erster Linie den Wunsch, einander und unsere jeweiligen Arbeiten kennenzulernen.

Wenigstens die Schriftsteller, die von Natur aus Grenzgänger sind, sollten sich nicht auseinanderdividieren lassen, denn sie haben tatsächlich weltweit mehr miteinander gemein, als sie mit vielen Angehörigen ihres eigenen Volkes verbindet. Sowenig sie ohne ihre eigene Kultur sein können, so sehr neigen sie dazu, das Eigene mit den Augen von Fremden zu sehen. Und gerade dieses Blickwinkels bedarf es am vordringlichsten. Nur auf diese Weise entsteht so etwas wie Klarsicht.

Ich habe diesbezüglich eine unauslöschliche Erinnerung. Vor einigen Jahren waren Dževad Karahasan, der muslimisch-bosnische Dichter, und ich zusammen in einer Art Bildungshaus im Burgenland eingeladen. Wir lasen ein jeder unseren Text, und dann, bei der anschließenden Diskussion, tauschten wir die Rollen. Dževad Karahasan argumentierte als Autor christlicher Herkunft, ich als Muslima. Es war eine der interessantesten Diskussionen, an denen ich je teilgenommen habe. Vielleicht sollte man dieses Verfahren der UNO weiterempfehlen.

Wir haben alle, ob wir uns dessen bewußt sind oder nicht, eine ganze Reihe von Identitäten und tun gut daran, keiner die vollkommene Priorität einzuräumen, nicht aus mangelnder Courage, sondern weil eine absolut gesetzte Identität etwas sehr Einschränkendes hat, und Einschränkungen dieser Art kann ein Schriftsteller sich ohnehin nicht leisten, weil doch, lassen Sie mich noch einmal Zafer Şenocak zitieren, »die Wirklichkeit synkretistisch ist. Es ist die Wirklichkeit der Mulatten, der Bastarde.«

In gewissem Sinn gehören fast alle Schriftsteller zu dieser Spezies. H. C. Artmann hat es Anfang der sechziger Jahre poetisch formuliert: »Meine heimat ist Österreich, mein vaterland Europa, mein wohnort Malmö ... (ich bin) ein brechmittel der linken, ein juckpulver der rechten ... in Polen poetisch, in Paris ein atmer, in Berlin schwebend, in Rom eher scheu, in London ein vogel, in Bremen ein regentropfen, in Venedig ein ankommender brief, in Zaragoza eine wartende zündschnur, in Wien ein teller mit sprüngen usw. usf.«

Was aber können wir tun, wir, die Schriftsteller, die Reisenden innerhalb der Literaturen, die Grenzgänger zwischen den Kulturen? Adonis, der große arabische Dichter, sagt es in seinem Gedicht »Der Reisende«:

»Reisender, der ich bin, hinterließ ich
    mein Gesicht
auf dem Glas meiner Laterne.
Meine Landkarte ist ein Land ohne
    Schöpfer
und die Verweigerung mein Evange-
    lium.«

Ohne dieses Gedicht weiter interpretieren zu wollen, halte ich mich nur an die Bedeutung eines Wortes, nämlich des Wortes Verweigerung. Wir können den Haß verweigern, jenen dummen, unpersönlichen,

aufgestachelten Haß, der blind, taub und
ohne sinnliche Wahrnehmung ist. Und wir
können mit dem Finger Löcher in die bereits errichtete Mauer bohren, Löcher, die
zumindest den Blick freigeben, den Blick
auf die anderen, und somit auch den Blick
auf uns. Und hoffen, daß uns dabei mög-
lichst viele von den jeweils ›Unsrigen‹ über
die Schulter schauen, um dasselbe zu sehen wie wir, nämlich einen Spiegel.

Inhalt

ISBN 3-351-02877-6

1. Auflage 1999

© Aufbau-Verlag GmbH, Berlin 1999

Einbandgestaltung Henkel/Lemme

unter Verwendung eines Freskos »Brot und Fisch«

aus dem 3. Jahrhundert, Rom

Druck und Binden Ebner Ulm

Printed in Germany